AF447712

Quimeras liberadas

Escapan de mi mente
creaturas encantadas
con formas diferentes:
quimeras liberadas.

Doncellas encantadas

Doncellas encantadas

Existen las princesas todavía,
las hay bellas, joviales y lozanas,
con piel, rubor y tonos de manzana
que inspiran a escribirles poesía.

Las he encontrado en mi ardua travesía
y he descubierto que el amor insana
a quien se entrega a él de buena gana
por obtener efímera alegría.

Se encuentran en las torres, encerradas,
prisioneras de Amor o Soledad,
con ansias de volver a ser amadas.

Por eso he de cruzar la adversidad
para salvar doncellas encantadas
que quieran darme real felicidad.

Metamorfosis

I

Cuando la luna contemplo,
las estrellas me parecen insignificantes:
son tan pequeñas
que ignoro su presencia por instantes...

Cuando la luna contemplo,
miro la totalidad
de la faz que siempre muestra
y es entonces que pregunto
cómo será su otra faz.

Aunque es pura claridad,
la luna tiene otro lado
perverso de oscuridad.

¡Me intriga, mata y enloquece
a la luna contemplar
y las estrellas, pequeñas,
ante ella no brillan más!

II

La luna se posa ante mis ojos:
es un plato de loza reluciente.
Es espejo de luna que refleja
la existencia de un ser omnisapiente.

Se transforma en conejo, en animal.
Se convierte en espectro: luz astral.

Se esconde y resurge...
Resurge y se esconde...

¡Baila!
¡Gira a su compás!
Se transmuta en belleza y bella es
por natura, por suerte...
¡Yo qué sé!

Mas la luna sonriente,
finalmente,
se presenta ante mí como mujer.

III

Se me antoja tu cuerpo.
Se me antoja tu cuerpo a medianoche.
Se me antoja tu cuerpo junto al mío.
Se me antoja tu cuerpo a medianoche junto al mío.
Se me antoja tu cuerpo junto al mío a medianoche.

Tu cuerpo desnudo.
Tu cuerpo desnudo de luna.
Tu cuerpo de luna desnuda.
Tu cuerpo desnudo; de luna.
Tu cuerpo desnudo; de luna desnuda.
Tu cuerpo desnuda a la luna.
Tu cuerpo desnuda a la luna desnuda.

Se me antoja tu cuerpo.
Se me antoja tu cuerpo sobre el mío.
Se me antoja el aliento de tu cuerpo.
Se me antoja el quejido de tu cuerpo.
Se me antojan los cuerpos de tu cuerpo.

Tu cuerpo sagrado.
Tu cuerpo que es templo.
Tu cuerpo que es templo bendito.
Tu cuerpo que es templo sagrado.
Tu cuerpo que es templo recóndito.
Tu cuerpo que es templo escondido.
Tu cuerpo sagrado, bendito, recóndito y escondido.

IV

Elena, la luna,
se eleva a los cielos.
Elena, la luna,
reluce sin fin.

Elena, tan plena
es la luna llena
y la luna llena
plenilunio es.

Elena, la luna,
se baña en la espuma;
las aguas la bañan;
la baña la miel.

La miel que empalaga,
que del alma surge,
del alma dorada
do adorada es.

Cantemos a Elena
¡Euhoé, Euhoé!
Cantemos, bailemos
a Elena, la luna...
Cantemos, bailemos
¡Euhoé, Euhoé!

La princesa

I

La princesa está triste...
Ya no cree en el amor:
arrojó de la torre
al Infante que antaño
encerrada la halló.

La princesa está triste,
desfallece en el lecho
de su soledad.

Ya no ve la llegada
de un buen hombre, de un mozo
que el agua deseque
de su tempestad.

La princesa está triste:
no puede soñar
ni observa a los astros:
¡sus yertos anhelos
jamás volverán!

II

Perdone, la princesa,
mi vil atrevimiento,
mas este pensamiento
surgió por su belleza.

Disculpe, la princesa,
mi intento de poesía;
indulte, Su Excelencia,
mis necias osadías.

Supone su sirviente
que gústanle las rosas,
palabras amorosas
y versos inocentes.

Si pésale mi esencia
no dañarame eso:
prefiero su desprecio
a sufrir su indiferencia.

Mujer ardiente

Tu boca mordisqueante
es medio que sublima
y altera mis sentidos
en momentánea dicha.

La dicha de besarte
pude tener en vida
y aunque fue un solo instante
en mi alma guardaré.

Mujer ardiente, bella,
mi espíritu se eleva
cuando mis ojos tienen
el gozo de mirarte.

Mujer, eres diamante
del centro de la tierra,
mas para poseerte
magnate se ha de ser.

Mujer vana y terrena,
conoces a los hombres
y la experiencia tuya
te hace besar tan bien.

Mujer ardiente, bella,
mi ser tener quisiera
la dicha de besarte
de nuevo alguna vez.

La sonrisa

Sin bemol ni sostenido
se presenta en nuestro rostro;
es piano de cuatro octavas
que irradia luz musical.

Ilumina a la persona
como proyección del cosmos
y entre más alegre y clara
parece más celestial.

Es la lámpara con magia
que conquista a quien nos ama
pues su fulgor lo deslumbra
mas el destello lo encanta.

Se prolonga en las ventanas
donde extiende su dominio:
poderes angelicales
emanan nuestras miradas.

Y es la luz de este mirar
lo que en belleza completa
toda la expresión facial
de una sonrisa perfecta.

La mirada

Los astros se configuran
en lo alto del firmamento:
refulgentes lo iluminan
y con su luz celestial
cautivan a quien los mira.

Son los faros que dirigen
en la noche y altamar
a quien errante navega
por los caminos de Eros
y quiere a un puerto arribar.

Ora guiarlo, ya perderlo
pueden los astros eternos,
mas todo dependerá
de la astucia que tengamos
para amados ser y amar.

Tienen su propio lenguaje
los componentes del cosmos:
cuando lo expresan las almas,
sin requerir las palabras,
comunicar pueden todo.

Cual prolongación de Dios,
alumbrar nuestro camino
pueden los cuerpos del cielo
y unir así dos destinos
en un amor sempiterno.

Reminiscencias y estragos

Reminiscencias y estragos

I

A veces se desbordan en cascadas
en mí reminiscencias y recuerdos:
los más, si son de Amor, causan estragos
y aunque mi herida di por olvidada
regresa con más fuerza y más dolor.

Si nuevamente surge en mí el ardor,
al verme en laberintos inspirado,
desángrome y escribo con furor
los versos que creaturas horrorosas
me dictan para hacerme retornar...

II

Me encuentro en un castillo-calabozo
en donde no hallo luz ni oigo mi voz
y caigo luego en cuenta que estoy loco,
perdido donde reina Dios Amor.

Es donde impera Amor lugar remoto:
jamás lo toca algún rayo del sol;
confuso, oscuro, triste y tenebroso
devórame, mas dame inspiración.

Se acerca a mí una bella cortesana
que viste en escarlatas terciopelos:
sedúceme al final de la ciudad...

Me da la llave y no me pide nada
mas que a manera de agradecimiento
mi *amiga* la haga: ¡Diosa Soledad!

Ayer te fuiste

Ayer te fuiste, no te dije nada...
      Ayer te fuiste sin mirar atrás...
Ayer te fuiste como lo acostumbras...
      Ayer te fuiste sin tener por qué...

Ayer te fuiste, no te dije nada...
      Ayer te fuiste, para siempre, ayer...
te fuiste y viste mi doliente ser
      que suplicaba con su gris mirada...

Te suplicaba... ayer... que te quedaras...
      que te quedaras... sí... ayer... ayer...
mas hoy no queda entre nosotros nada
      de lo que ayer imaginé tener...

Ayer te fuiste... para siempre... ayer...

Cobardes

¡Cobarde tú
por negarte al amor cuando servido
en bandeja de plata lo has tenido!

¡Cobarde yo
por no huir de tus caprichos
y compartir contigo este delirio!

¡Cobarde tú
por no decir desde el principio:
"Aléjate de mi camino"!

¡Cobarde yo
porque al saberme sutilmente despreciado
no acepté por ti nunca ser amado!

¡Cobarde tú
al refugiarte en un par de brazos fríos,
cuando habíate ofrecido yo los míos!

¡Cobarde yo
por no atreverme a robarte el dulce beso
que tal vez te hubiese convencido!

¡Cobarde tú
al no arriesgarte a perderme
y al perderme por no haberte arriesgado!

¡Cobarde yo
por no poder concluir lo decidido
y quedarme a contemplar cómo sufrimos!

Acúsome

Acúsome de no haber intentado todo,
de no haberte besado aquella noche
cuando, al tiempo que bebías,
por tus labios una rosa recorrías.

Acúsome de no ser el primero
que de la mano te tomara
y que sólo con miradas
dijérate "te quiero".

Acúsome de darle rienda suelta
a este desbocado sentimiento
que de mis torpes manos escapose
para trocar en tulipán abierto.

Acúsome de no saber qué haremos,
de prometer lo que resulta incierto
y de hostigarte con mi sufrimiento.

Acúsome, Yo, de amar cuando no debo.

No hay mariposas

No hay mariposas en tu vientre...
Cuando estamos juntos
no las sientes.

No es por falta de cariño
ni de amor;
es porque no has conocido
la parte aquélla de mí
que seducirte quisiera,
pero que por respeto
o por pudor se ha abstenido.

No hay mariposas
porque ellas vuelan a uno
cuando alguno se ha atrevido
a cruzar la frontera
entre Amistad y Delirio.

Por eso, niña mía,
no hay mariposas,
no han venido,
pero pronto llegarán a tu destino
y entonces develarás
que desde siempre
nos hemos pertenecido.

Lo desconoces...

El sabor de mis labios desconoces,
la pasión desmedida que en mí crece;
de mis brazos no sabes la textura,
de mi cuerpo no tienes idea alguna
pues en él no has posado tu mirada
por la extraña razón
que nos separa...

Lo desconoces...

No conoces los valles y hendiduras
ignoras de los ríos y embocaduras,
no sabes de las dunas y relieves
ni de aquellos accidentes
que podrían atraerte.

Lo desconoces...

Y lo juzgas,
exiges perfección y ésta, imposible,
te aleja de quien te ama,
te detiene.

Lo desconoces...

No sabes nada de él, sólo que existe;
debajo de las ropas hay olores,
esencias de maderas,
texturas, pudor...
hay un mundo vivo
que respira
y que desconoces...

Somos

Somos la constante imposibilidad...
la eterna mentira,
la oculta verdad...
la nostalgia de algo que se escurre,
que para siempre se va.

Somos soledad,
polvo de mueble viejo,
polvo de humedad.

Somos una pintura que desgarra,
que mata de miedo,
de podredumbre
en el corazón.

Somos razón,
mera inteligencia
que se compagina,
mas sin atracción.

Somos la incontenible angustia
que desgarra el alma,
que la convierte en suicida
y que la rasga y daña.

Angustia hay en nosotros de perdernos,
de herirnos;
de no volver a vernos.

Somos palabras incomprendidas,
no dichas a tiempo.

Somos tiempo,
tiempo relativo que no vuelve,
mas que gira, gira y gira;
que remuerde.

Somos la acción cobarde,
la decisión faltante,
temor al rechazo,
al amor.

Somos dos aves solitarias,
perdidas,
sin parvada.

Somos dos entes locos
errantes en el mundo;
somos dos vagabundos
que no hallan ilusión.

Somos sueños de vidas...
recuerdos de alegrías compartidas.

Somos sólo dos sombras
que en el camino se cruzan
para hacerse nobles gestos,
mas que a la luz del día
busca una en la otra
sólo vanos defectos
para repetir "NO".

La última vez

La última vez que amaste
te engañaron y engañaste.

¿Engañaste?
¡Te engañaron!

La última vez que amaste
fuiste amado...
¿fuiste amado?
¡Solo amaste!

¡Te engañaron!
(y te amaron
en secreto
un solo instante...
pero no fue demostrado).

La última vez que amaste
te quejaste
de tu sino,
del destino cruel, maldito.

La última vez que amaste
te entregaste
por completo,
sin medida,
como quien se entrega entero
al pecado,
al vicio.

La última vez que amaste
enloqueciste...

Lo que siento yo por ti

No hay razones que lo expliquen
ni palabras descriptivas;
sólo sé que no termina
lo que siento yo por ti.

No hay vestigios de su inicio
ni destellos de su fin;
sólo sé que esto es mi vida:
lo que siento yo por ti.

Pudiera llamarse "amor",
"obsesión" es más preciso,
aunque es más profundo que eso
lo que siento yo por ti.

No sé si es correspondido,
no sé si por mí inventado;
sólo sé que no he negado
lo que siento yo por ti.

No sé si escaparme, vida,
no sé ya qué haré conmigo;
sólo sé que no has sentido
lo que siento yo por ti.

Dejarte de amar...

Para dejarte de amar no necesito
que me rechaces,
que juntes con otro tu destino.

Para dejarte de amar no necesito
bifurcación adversa en el camino.

Para dejarte de amar
—como has pedido—
tendría que odiarte,
ahogar la pena;
sobrevivir...

Para dejarte de amar yo necesito
olvidar esta absurda frase
porque para olvidarte es requisito
morir y no volver nunca jamás.

Para dejarte de amar...

Quisiera, mas no puedo

No puedo partir aunque deseo,
dejarte no puedo aunque lo intento,
tenemos que salir de nuestras vidas,
debemos olvidar los sentimientos;
olvidar debemos que pudimos...
debo olvidar que tanto te quería.

Pero no puedo,
no puedo borrar esa sonrisa,
no puedo alejarme de ti, niña.

Estás en cada nota
de tantas melodías;
estás en el recuerdo
de lo que no fue un día;
estás entre mis cartas;
estás en mi poesía.

No sé si esto fue un juego,
no sé, amiga mía...
¿Perderte? No me atrevo;
no sé si te tenía...

Quisiera ya no verte,
también saberte mía,
quisiera tantas cosas...
quisiera tener vida...

Si me voy de tu vida

Si me voy de tu vida es porque ya fue demasiado:
el amor no correspondido cansa,
el cansancio del ánimo asesina
y el corazón no aguanta.

Si me voy de tu vida es porque ya fue demasiado,
demasiado el tiempo compartido,
compartido como amigos,
mas sin nada.

Si me voy de tu vida es porque es necesario
volar de tu lado a un nuevo mundo
donde halle el amor que tanto busco
y me eleve despacio al paraíso.

Si me voy de tu vida es porque es necesario
que tú también busques,
que también ames y te entregues,
sin temores, sin prejuicios.

Si me voy de tu vida, no prometo
volver a tu lado aunque te ame;
aún no lo hago y ya te extraño
pues si me voy, me voy amando...

Eximido

Yo no tengo la culpa de adorarte;
es la rueda girante cada noche
que recuérdame sombras y fulgores
en la cama de Venus cuando esconde
los collares de perlas que a los puercos
arrojé sin pensar fueran derroche.

Yo no tengo la culpa al ser poeta,
al amarte y amar que nos amamos,
que soñamos soñar en el pasado
el pasado ideal que no vivimos.

Inventado el futuro, ya perdido,
fue de pronto y para siempre abandonado:
dejado en el camino al estropicio.

Estropicio en el nuestro corazón
—porque es uno aunque suelas decir "no"—
hoy nos quema y revive cada día
aunque duela el amor, duela la vida
y aunque mátenos lento el desamor...

Estaré

Estaré... sólo eso...
Cuando alguien te deje,
estaré...

En cada tropiezo,
estaré...

En tu primer beso,
estaré...

En tu soledad,
estaré...

Estaré... sólo eso...
y esperaré que esta acción sea suficiente
para que sepas, amor,
cuánto te quiere
quien siempre a tu lado permanece...

Estaré... estaré.

Estaré... sin esperar nada a cambio,
incondicionadamente,
será así porque te amo.

Estaré... estaré...

Estaré... porque no hay alternativa,
porque no podemos estar lejos,
estaré... estaré... sólo eso...

Estaré...

Sólo en soledad

Solo me acompaño
cuando sólo pienso
y sólo te pienso
cuando estando solo
mi pensar empaño.

No pienses que quiero
no pensarte más;
mas debes pensar
que si pienso solo
es porque tan sólo
en mi mente estás.

Y si en pensamiento
tu reflejo veo,
descubro que solo
no estaré jamás
porque sólo solo
puede un ser estar
si el pensar es nulo
y así el evocar.

Piénsame, te pido,
piensa en mí y así
llévame contigo,
adherido a ti.

Conjuro

Muérete que te mato.
Muérete que te mueres.
Muérete en el recuerdo.
Muérete en el pasado.

Muérete y deja morir.
Muérete dentro de mí.
Muérete que te saco.
Muérete que me mato.

Muérete que me matas.
Mátame y muérete tú.
Muérete, muérete ya.
Muérete y no vuelvas más...

Muérete y no hagas sufrir.
Muérete tú en el ayer...
Muérete y no mates ya
mi difunto corazón.

Muérete que te mato.
Muérete que te mueres.
¡Muérete, no quiero más
tu cadáver a mi lado!

El burlador

Si tu afán tontamente es olvidarme,
menester es decir que no podrás
porque llévasme ya en el pensamiento
y de aquél no me iré, por Dios, jamás.

Si tu afán, al contrario, es recordarme,
sufrirás largamente –lo repito–
porque no me tendrás ya como antes
y será tu dolor tu cruel suplicio.

Por mi parte, me río, carcajeo
porque sufres por mí que soy tan libre
para amar a quien quiero cuando puedo.

Rebosante recuerdo viejos tiempos
cuando, niña, te dije "te amo y quiero"
y creíste tenerme prisionero.

"¡Jajaja!", dice el diablo y "ahí de mí",
por burlarme de ti y de tu tormento,
pero, niña, comprende: ¡Fuiste un juego!

Soy un río

Soy un río:
sumérgete en mi lecho,
desnúdate en mi cuerpo,
mi cuerpo desbocado
que lleno de pasión
se vuelve aventurero.

Soy un río:
jinete en campo abierto
que quiere que, sirena,
fundidos cabalguemos.

Soy un río:
antaño desecado,
mas hube resurgido
con agua que tu ser
destila entre mis labios.

Soy un río
con aire de suicida:
si despreciasme tú,
me arrojo al precipicio
y muero en la caída.

Soy un río:
si muero en la cascada,
te verás sin amor
y abandonada.

Alegoría del marino

Si los dos lo quisiéramos, pasara,
mas parece imperar la incertidumbre
y el temor a no hacerlo es la costumbre
que nos deja en las manos sólo ansias.

Es la falta de determinación
lo que sobra, mi vida, entre tú y yo
y es también nuestro común error
que siempre ha denegado nuestra unión.

Por eso vuelas tú en lejano cielo,
mas yo no vuelo, vida; yo navego
surcando mares lúgubres y negros
en donde no hallo fin al desconsuelo.

Y tú, criatura virgen, primorosa,
te niegas a gozar la vida juntos,
te alejas de mis brazos orgullosa
por eludir de la pasión el rumbo.

Por mi parte, yo tengo otros amores:
cuando anclo en astillero el bergantín
recojo bellas flores del jardín
pues borran sus perfumes mis dolores.

Mas llega el tiempo nuevo de zarpar
y añejas flores que me deleitaron,
después de haber mi lecho renovado,
ya secas las arrojo en altamar.

Amor a ratos

Quiero un amor a ratos,
a ratos permanentes,
que sea como una gota que constante
las aguas alimente de mi estanque
y en éste permanezca fiel, perenne.

Quiero un amor a ratos pasional
con hambre y ansiedad descomunales
que llévennos a actuar como animales
del lecho al suelo o cielo y viceversa
en su realización fiera y carnal.

A ratos, un amor espiritual
por el que logre ver lo que es divino
y que en elevación existencial
me lleve al plano puro y celestial
do surja de entre dos, sólo un camino.

Un amor a ratos quieto y empolvado
que sea como un inmueble abandonado
al cual se le visita cuando hay tiempo;
a ratos, un amor puro y eterno
que pueda ser a ratos demostrado.

Amor también a ratos endiablado,
a ratos loco, cruel y enfurecido
que me haga comprender que por él vivo,
que siento, vuelo, nazco y me sublimo
al ser entre sus brazos abrasado.

Dragones encadenados

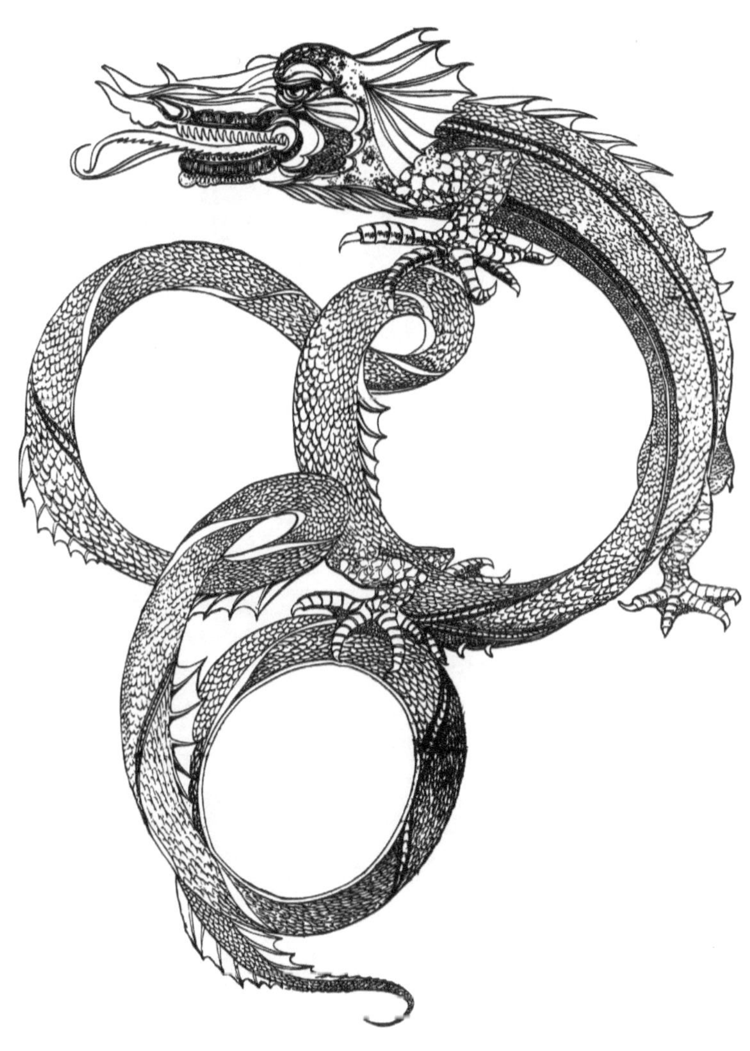

Dragón encadenado

La métrica, la rima y la eufonía
al reptil bello, onírico y alado
mantienen a una torre encadenado,
en constante y pretérita agonía.

Semejan los recursos felonía
para el volar sutil y enarbolado
que emprende un fiel dragón en lo elevado
en búsqueda perpetua de armonía.

Recóndito en oscuro calabozo
se encuentra solitario y pensativo:
con avidez de plena libertad.

Creatura triste, negra soledad,
mas no por ser dragón y estar cautivo
nos debe parecer menos hermoso.

Negros laberintos

Los negros laberintos de la vida
se tejen y retuercen en abismos:
debe uno comprender los aforismos
que llévenos con bien a la salida.

Habrá pérdidas, penas y caídas
que habremos de librar con silogismos,
habrá tiempos en que nuestro egoísmo
ora nos causará alivio o heridas.

Mas he bien comprendido en mi existencia
que es menester gozar cada momento
y obtener buen saber de la experiencia.

Aunque no siempre es grata la vivencia,
hay razón para su acontecimiento
y hacer debemos de esto real conciencia.

Pasión y espera

Es pasión lo que corre por mis venas
y con ésta la vida he bien vivido;
quizá es poco el trayecto recorrido,
pero sé que he cumplido la faena...

La faena de amar enhorabuena
a quien creo que mi amor ha merecido;
sin embargo, un amor correspondido
no ha tocado en mi playa las arenas.

Que lo bueno a la espera suele hacerse
es un dicho que yo no he comprobado,
pero no me he negado por su ausencia

a gozar del placer en mi existencia
que la atracción carnal me ha propinado,
mas evito que ésta, cruel, me tergiverse.

Grito en silencio

Llegaste a revivir en mi interior
lo que este corazón ya no sentía
y fue de tu mirada la alegría
el rayo de algún ente Superior

que iluminó con numen renovado
el templo que me envuelve y, con tu luz,
a mi ser putrefacto y olvidado
sublimaste en pasión y con la cruz,

con la cruz que en silencio fue el tormento
de callar y gritar que te quería
y mi ser asfixiaba el sufrimiento:

el decir y el callar ahora lamento
porque no tengo ya tu compañía
y olvidarte no puedo cuando intento.

Deseo y deleite

Quisiera conocer el cuerpo aquel
que debajo de las ropas se esconde
y unirnos en el cielo, piel con piel,
cuando, niña, tus prendas te despoje.

Extasiado de amor y de placer
tendrasme entre tus brazos una noche:
serás diosa, natura, flor, ¡mujer!
y en pasión perderémonos; en goce.

Seremos agua pura, cristalina,
que en miel convertirase y alegría
nos dará del zahorar dulce delicia.

Fluirá entre nuestros seres luz divina,
sublimación de besos y armonía:
caricias integradas por caricias.

Te pertenece

Ocurrió ayer, luego de tanto amarnos...
ocurrió y poder ya no pudimos...
ocurrió... ocurrió... nada dijimos...
y con dolor debimos separarnos.

La tristeza llenonos al dejarnos,
entonces el destino negro vimos:
con ira nuestro sino maldijimos
y aun no conseguimos alejarnos...

El duelo de un amor nunca perece:
éste, aunque el tiempo ayude, no se olvida
y por siempre en el alma permanece.

Con el tiempo el amor no muere; crece
para poder, en la siguiente vida,
decir: "mi corazón te pertenece...".

Ya no eres la única...

Ya no eres la única,
pero la constante...

Amarte ya no es lo privativo
de mi alma que te amó sin más medida
que hacerte lo más bello de mi vida
y darte un corazón a ti exclusivo.

El amor que hoy prodigo es intensivo
a aquélla que pretenda verse unida
con mi ser que la hará su protegida
y por ella se sienta alegre y vivo.

Hoy, querida, te amo todavía,
pero no eres la única a quien puedo
entregarme tan incondicional.

El amor que te tengo es racional;
no te guardo ya el pasional denuedo
ni pretendo febril tu compañía.

Ya no eres la única,
pero la constante...

Amor divino

Suele Amor inspirar con su presencia
y dar luz con su voz a mis escritos,
mas sus tierras me tienen por proscrito
y él no alúmbrame ya con su existencia.

Él no sabe que sé la diferencia
entre el finito Amor y el infinito;
porque ya no la ignore la repito
y así sabrá que sé y tengo conciencia:

Amor finito sólo se presenta
con cara de mujer inconquistable
y por su indiferencia desespero.

El infinito Amor hoy me contenta
y su divino fuego e inflamable
me llevará hasta Dios si persevero.

Coraza

Al amor lo alimenta eterno fuego
y se encuentra guardado en la caverna
que escondida y recóndita entre huesos
es la cárcel blanquizca que se incendia.

En el centro se erige rojo templo:
lo circundan dos bóvedas bermejas;
es objeto motor del movimiento
y dador de la vida que lo aqueja.

Es la piedra, la *concha-caracola*
resonante con sangre musical
y se enrosca, se pule y es preciosa...

Es rubí, es granate en parsimonia
que con rayo amoroso y pasional
difracciona su luz en la persona.

Tal vez

Tal vez deba el olvido ser baluarte,
mas tu recuerdo nítido es eterno:
ora llévame al cielo o al infierno
y será mi purgatorio el recordarte.

¡Funesta manifestación del Arte
que Dios dispone y que sempiterno
cual Hércules condúceme al Averno
y que es de mi cerebro el estandarte!

¡Mujer de fuego, tierra y elementos
que en comunión perfecta me enloquecen
y llévanme delante del Creador,

maldigo tu recuerdo y lo lamento,
mas mis escritos nutre y enriquece
aunque es también mi mal perturbador!

Simplemente
tristeza

Simplemente tristeza

El tedio y el desencanto
de vez en cuando me atrapan
y entonces, contemplativo,
ya todo me importa nada.

De vez en cuando la luna
del cielo se cae y estampa
y entonces en la caída
pierde completa su magia.

Las aguas de la tormenta
consigo todas me arrastran
al mar que no es ni locura
sino indiferente calma.

¡Qué desesperación!
hacer ante el sufrimiento
lo que natura permite:
esto es hacer ante él nada.

Simplemente la tristeza
con su amplia extensión me abarca
y entonces fallezco lento
y lento también mi alma.

¿Adónde se van los muertos?
¿En inframundo descansan
o suben acaso al cielo
donde los recibe Dios?

Ni siquiera eso me llena
—la esperanza del descanso—
simplemente la tristeza
consigo y sin sí me alcanza.

El humano

El humano es triste
cuando cobra conciencia sobre sí,
cuando inútil se afana en entender
lo que cáusale miedo por vivir.

El humano es triste:
es la escoria del lodo mal cocido
y no es dueño del mundo ni del sino
que el cruel padre maldito le otorgó.

El humano es triste:
su natura lo mata, desespera;
crea lo insano, lo inmundo de la guerra
en la lucha infinita del poder.

El humano es triste,
es versura, es una porquería
que sostiene su efímera alegría
en el cuerpo, fiel templo del placer.

Invierno

Es invierno...
¿Cuánto durará?
Sólo Dios lo sabe...

El dios al que rezabas...
El dios al que adoraste...

Es invierno...
¿Cuánto durará?
Ojalá que dure poco...
Ojalá termine pronto...
Ojalá sea invierno corto...

Es invierno...
¿Cuánto durará?

Sólo Dios lo sabe...
y tus santos...
y tus aves...
aquéllas que te cantaban...
las que cuidabas,
las que criabas...

Es invierno...
¿Cuánto durará?
Nadie lo sabe,
ni Dios mismo lo sabrá...

Impetración

Te repites con vehemencia
con demencia,
que no duele...

Te repites que todo mejorará,
que no sufrirá ya más...
Que no duele...
Que no duele...

¡Pides clemencia!
¡Por tu madre!
¡Por tu abuela!
Y a la vez que no lo quieres...
lo deseas:
que termine
que no sufra
que no duela...

Te repites con vehemencia
con demencia:
que no duele...
que no duele...
que, si muere,
todo así mejorará
y no sufrirá ya más...

Gran Señora

Aún no duele
aún no sangra
aún no quema
tu partida,
Gran Señora...

Aún no explotan
corazones que te aman;
aún no duele
aún no quema
aún no sangran
aún no ciegan...
aún no faltas,
pero tampoco descansas,
Gran Señora,
Gran Dama...

Aún no duele
aún no sangra
aún no quema
tu partida,
Gran Señora...

Sólo sufres,
Gran Señora,
en tu lecho;
en tu cama...

Sólo sufres,
no descansas,
Gran Señora,
Gran Dama,

y tu cuerpo
y tu alma
se quebrantan.

Aún no duele
aún no sangra
aún no quema
aún no explotan
aún no ciegan
aún no faltas,
pero tampoco descansas,
Gran Señora...
Gran Dama...

¿Cuándo?

No habrá flores
en el jardín de tus versos
cuando mueras...

No habrá ninfas,
quimeras ni sirenas
cuando mueras...

No habrá fuentes
ni remansos cristalinos
cuando mueras...

Cuando mueras...

Cuando mueras,
caerás en un abismo...

Cuando mueras,
serás polvo y olvido...

Cuando mueras,
quizá seas recordado,
tal vez reconocido.

Cuando mueras...
te sobrevivirá lo escrito;
tus hijos...
tus libros...

Cuando mueras...

Manchas de tinta

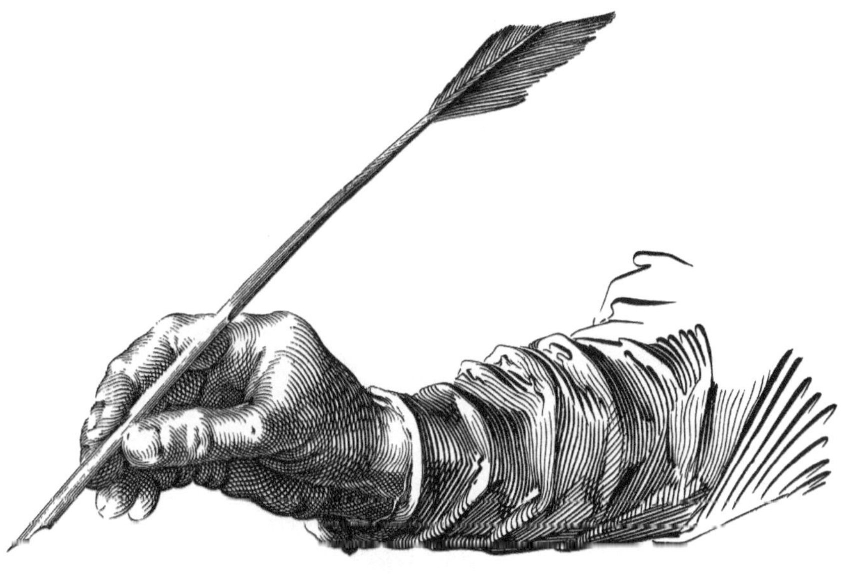

Manchas de tinta

Escúrrense gota a gota
las tintas multicolores
y aunque parecen deformes
son útiles esas motas.

Con el manguillo se da
forma y figura al manchón:
de letra en letra el renglón
se llena y puede expresar.

Es cierto que la razón
no siempre impera en lo escrito
sino que puede ser dicho
lo que obliga el corazón.

En esta ocasión escribo
al que es más bien el proceso
por medio del cual el verbo
demuéstrame que estoy vivo:

Las manchas de tinta son
concisas y diferentes;
permiten plasmar mi mente
en plena disertación.

¡Vayamos a por las manchas
que son breve explicación
a cómo por la creación
puedo el alma liberar!

¿Qué es?

¿Qué es?
Es una pústula
una hemorroide
que sangra
que vive
que siente
siente el dolor placentero que remuerde
porque sabes que es grato cuando tocas
con tu dedo la llaga maloliente.

¿Qué es?
Una prolongación de tu silencio,
el glaucoma que seca tu mirada
la injusticia ante la cual hacemos nada.

¿Es pobreza, es sed o enfermedad?
¡No!
¡Tu pobreza,
tu sed,
tu enfermedad
las ocultas,
cobarde de la vida,
las entierras...
las tiras...
mas no por eso dejan de existir!

Ser mezquino,
hipócrita consciente,
en cada verso finges,
mientes,
callas,
¡Inocente!

Cada verso es dulce
orgásmico...
efímero...

¿Qué es?
La llamas tu "creación"
mas no es sino un disfraz.

¿Qué es poesía?

I

No es ritmo, rima ni eufonía,
tampoco es prosa puesta en verso,
no es métrica en su esencia
ni es necesariamente escrita,
no es aire, agua, fuego o tierra,
no es interpretación, no es teogonía,
no es cosmogonía,
no es vida...

No es algo que se enseñe en academias,
no es ciencia,
mucho menos disciplina,
no es nada
ni es todo;
es poesía...

II

Lograré bien decirlo cuando entienda
el Ser de la Creación; la suya Esencia...
cuando sea claramente en mi conciencia
y en mi mente derrote esta contienda.

Lo diré a todo ser que me comprenda,
que pretenda acercarse a esta cadencia:
a mi loca expresión sin elocuencia
que no logra dar fin a la encomienda.

Lo diré, lo prometo, cuando pueda
entender el porqué de mi infortunio;
de este sino maldito que condena.

Lo diré cuando callen las estrellas;
cuando muera de amor y por él vuelva
a decir, sin razón, que soy poeta.

Madonna

Cuando la musa llega es menester
asignarle la más bella poltrona,
atenderla cual prístina Madonna
y entregarle gustosos nuestro ser.

Es sabido que tiene ella el poder
de ser rosa, sirénida, gorgona,
luz sideral, verdad, vergel, persona
que hace de la expresión nuestro deber.

No obstante, retenerla es imposible
para siempre guardada en nuestro numen
y ostentar esa inspiración presente.

Si bien es traicionera, es elocuente.
Por ello y porque el tiempo nos consume
debemos disfrutarla aunque invisibile.

Belle Époque

Es una *cocotte:*
como puede estar contigo hoy,
mañana se irá con otro
que la complazca mejor...

Es una *cocotte*:
se viste con colores llamativos
por preservarte cautivo.

Es una *cocotte*
y se divierte,
se divierte contigo y tu deseo,
con tus ansias de amor;
tu sed de afecto.

Es una *cocotte*
que sabe que tu sexo es tu intelecto
—mas no viceversa—
y lo hace su juguete predilecto.

Es una *cocotte:*
como puede estar contigo hoy,
mañana se irá con otro
que escriba o verse mejor...

Es una *cocotte:*
hoy se va,
pero seguramente,
mañana volverá...

No muere el autor

No muere el autor;
involuciona,
se cansa,
calla...

No muere el autor
desfallece,
padece,
sufre...

No muere el autor;
muere la musa,
el amor,
el don.

No muere el autor;
involuciona,
se cansa,
calla...
desfallece,
padece,
sufre...
muere la musa,
el amor,
el don.

No muere el autor;
sólo sucede
que en realidad
nunca vivió.

Quimeras liberadas

Quimeras liberadas

Son monstruos que se encarnan
por medio de la tinta
que escurren las palabras:
del huevo saltan, corren
y caen en el tintero,
en éste se refrescan
y se les forma el cuerpo.

De diferentes formas
se configuran alas,
pezuñas, fauces, patas,
escamas y espolones
que vida dan a glifos,
sirenas y dragones.

Creaturas encantadas
escapan de mi mente,
en ésta nacen, crecen,
se reproducen, mueren...

Las hay de mil colores;
virtud y gracia tienen.
Algunas han defectos
que feas las hacen ser,
mas su belleza es pura
y al ser tan diferentes
cada una es especial.

Por eso aquí las muestro,
en el *Bestiario* mío,
a todo aquel que quiera
mirar y criticar...

Escapan de mi mente
creaturas encantadas;
con formas diferentes:
quimeras liberadas.

Índice

www.ingramcontent.com/pod-product-compliance
Lightning Source LLC
Chambersburg PA
CBHW051452140726
47987CB00006B/2665